So wie
der Fisch
das Wasser
nicht erkennt
in dem er
schwimmt
so kann der
Mensch
die Liebe
nicht
erkennen
in der
er lebt

.

Wenn
die
Liebe
sich
im
Wort
verliert

.

Sprechen
Zuhören
Verstehen
Fühlen
Sein

.

Das Mysterium der Sprache in der Religion
Eine spielerische Reise zum Alphabet

Bernd Ben Holzhausen

Bibliografische Information der Deutschen Nationalbibliothek: Die Deutsche Nationalbibliothek verzeichnet diese Publikation in der Deutschen Nationalbibliografie; detaillierte bibliografische Daten sind im Internet über www.dnb.de abrufbar.

Überarbeitete Neuauflage 2014
Autor, Buch-Gestaltung; Illustrationen und Satz: Bernd Ben Holzhausen
© 2013 / 2014 Bernd Ben Holzhausen. Geschrieben in Frankfurt am Main, im Dez. 2013

Herstellung und Verlag: BoD – Books on Demand, Norderstedt

ISBN: 978-3-7322-9365-0

Inhalt

Vorwort 9

Sprechen, Zuhören, Verstehen und Fühlen 10

Das Mysterium der Sprache in der Religion 14

Symbolik und Sprache am Beispiel des Christentums ... 20

Das Gebet im Kämmerlein 22

Der Leib Jesu Christi und das Kreuz 26

Die Sünde 27

Die zehn Gebote 29

Der Kampf der Geschlechter 30

Der Sündenfall 32

Das Geheimnis des Evangeliums 34

Das Alphabet 35

Nachwort 36

Vorwort

Ausgelöst durch eine persönliche Erfahrung in meiner Kindheit, machte ich mich auf die Suche nach der Ursache des Unfriedens, den die Auslegungen der Schriften in den Religionen in der Geschichte der Menschheit ausgelöst hatten.

Ich lernte den Buddhismus, den Hinduismus, das Christentum und den Islam in der Praxis kennen und kam nach 23 Jahren zu dem Ergebnis, dass es die Sprache ist, die zu Missverständnissen führt.

Ich lernte Techniken kennen, die uns helfen können, die seltsamen Effekte der Sprache und das Verstehen von Sprache anders als gewohnt zu erleben. Diese Techniken stelle ich in diesem Buch vor.

In diesem Buch führe ich Sie spielerisch durch die mystisch anmutende Lehre der christlichen Religion und gebe einige praktische Beispiele, die Ihnen helfen können, die Dimension des Alphabets zu erkennen und spielerisch für sich zu nutzen.

Das Buch ist sehr kompakt gehalten. Ich hoffe, dass sich nach der Lektüre des Buches für viele Leser eine Tür in ihr eigenes inneres Leben und das Erleben der immerwährenden göttlichen Liebe öffnet und dass es Ihnen gelingt diese Liebe auch im Wort zu tragen.

Ich wünsche Ihnen Freude beim Lesen.

Sprechen, Zuhören, Verstehen und Fühlen

Wir verwenden Worte, um Inhalte zu beschreiben, die wir einem anderen Menschen übermitteln möchten. Wir gehen, während wir sprechen, davon aus, dass derjenige, mit dem wir sprechen, die, von uns mit dem Wort verbundene Bedeutung kennt und versteht.

Meist sind wir beim Sprechen so damit beschäftigt, unser Anliegen in Worte zu verpacken, dass es sich unserer Aufmerksamkeit entzieht, ob derjenige, mit dem wir sprechen, verstehen kann, was wir ihm sagen möchten. Oft übergehen wir in unserer Mitteilsamkeit den Umstand zu beobachten mit wem wir eigentlich sprechen und ob unser Gesprächspartner überhaupt verstehen kann, was wir sagen wollen.

Das wirkliche Verständnis dessen, was wir jemandem sagen, hängt davon ab, ob er zuhören kann. Zuhören ist scheinbar einfach. Doch was hören wir, wenn jemand spricht? Hören wir die Worte wie eine Melodie, ohne auf die Worte zu achten oder verstehen wir den Inhalt der Worte? Beachten wir den Kontext oder sind wir derart mit uns selbst beschäftigt, dass wir neben dem „uns selbst erleben" kaum in der Lage sind, etwas anderes als uns selbst und unsere inneren Abläufe wahrzunehmen?

Solange in uns innere Dialoge ablaufen, die uns helfen möchten, das in der Welt Erlebte zu verarbeiten, können wir weder bewusst sprechen, noch bewusst zuhören. Der innere Dialog ist oft nur ein Versuch, unserer Seele uns mitzuteilen, dass wir Erlebtes verarbeiten sollten, damit wir wieder in der Lage sind, neu zu erleben. Wir können also nur verstehen, wenn wir uns innerlich leer gemacht haben und aufnahmebereit sind.

Es ist bedauerlich, dass dieser natürliche Umstand des „im eigenen Erleben oder im Erlebten gefangen sein", während man mit jemandem sprechen möchte oder jemandem zuhören möchte, oft zu Missverständnissen führt.

Wir können einander nur verstehen, wenn wir uns gegenseitig den Raum einräumen, den wir benötigen. Die Bereitschaft zur Kommunikation sollte ebenfalls bestehen. Bin ich gerade gewillt und in der Lage, jemandem zuzuhören oder mit jemandem zu sprechen? Oder bin ich bereits voll?

Jedes Wort, das wir verwenden, ist wie ein Gefäß. Es kann in Verbindung mit dem Klang und dem Ausdruck, den wir ihm geben, ganze Welten bewegen, wenn wir uns dessen bewusst werden.

Die Melodie eines gesprochenen Satzes kann so schön oder entwaffnend sein, dass der Satz alles verändert. Wenn wir in der inneren Verarbeitung der Erlebnisse in der Welt gefangen sind und wir innerlich nicht zur Ruhe kommen, ist unser Verständnis, unser Begreifen nur eingeschränkt funktional.

Sprechen, Zuhören, Verstehen und Fühlen sollte also mehr Aufmerksamkeit in unserem Miteinander einnehmen, als wir das in der Regel zulassen oder möglich machen können.

Ich gebe Ihnen auf der folgenden Seite vier Übungen an die Hand, mit denen Sie spielerisch Ihre Kommunikation beobachten können und die Sie dazu anregen, sich selbst während des Sprechens zu beobachten. Ich möchte Sie dafür sensibilisieren, genauer hinzuhören und hinzulesen, wenn Sie mit

Sprache und Worten in Kontakt sind. Sie können Ihr ganzes Leben heilen, in dem Sie diesen Aspekt des gesprochenen Wortes erkennen.

Übung 1: Sprechen

Wenn Du etwas sagst, hör Dir selbst zu. Wolltest Du das sagen? Beobachte die Wortwahl, beobachte, was Du meinst und ob Du wirklich sagst, was Du sagen willst. Beobachte den Klang dessen, was Du sagst. Klingst Du so, wie Du Dich fühlst?

Übung 2: Zuhören

Wenn Dir jemand etwas sagt, beobachte Deine Gedanken. Hörst Du ihm oder ihr zu, während er oder sie spricht oder bist Du mit anderen Dingen beschäftigt? Erkennst Du die wirkliche Bedeutung dessen, was er spricht, also verstehst Du ihn oder nimmst Du nur die Worte und erkennst seine eigentliche Botschaft nicht?

Übung 3: Verstehen

Beobachte, was das Dir Gesagte in Dir bewegt. Verstehst Du, was man Dir gesagt hat oder denkst Du nur zu verstehen? Hast Du den Zusammenhang zur Situation beachtet, in der etwas gesagt wurde? Kennst Du die Worte, die man Dir sagt? Ist Dir ihre Bedeutung klar? Kannst Du am Klang vielleicht eine andere Dimension erkennen als das, was an Bedeutung in den Worten steckt?

Übung 4: Fühlen

Das gesprochene Wort ist kraftvoller als das geschriebene. Beobachte, was das gesprochene Wort in Dir bewegt. Reagierst Du emotional? Verurteilst Du das Gesagte oder nimmst Du es erst einmal an? Fühlst Du im Zusammenhang mit Sprache? Erlebst Du Sprache oder hörst Du sie nur?

Wird Dir der Kontext zwischen Sprache, Worten und gemeinter Bedeutung klar? Berührt Dich, was Du hörst?

Die letzte Übung soll Dich dafür sensibilisieren, Sprache im Kontext zu begreifen. Wer sagt was, wann, wo und wie? Ein geschriebener Satz ist anders als ein gesprochener. Fühl Dich einfach mal hier und da in Texte ein. Lies sie laut und höre den Worten zu, wie sie sich im Raum bewegen.

Worte können kraftvolle Transporter für alles Mögliche sein. Ich kann einen anderen Menschen mit Worten aufbauen oder schwächen. Ich kann versuchen, einen anderen Menschen zu verstehen oder sein Sprechen anhören wie eine Melodie, ohne auf den Inhalt zu achten.

Sprache ist nicht nur ein Mittel, um Informationen auszutauschen. Sie ist ein Transportmittel für viel mehr multidimensionale Informationen, als wir im ersten Moment erkennen können.

Sprechen, Zuhören, Verstehen und Fühlen ist etwas, das wir uns immer bewusst machen sollten. Denn es ist ein Vehikel, die eigene Bewusstheit zu erleben und auch zu erhöhen. Ein Mittel, uns selbst zu begegnen und uns selbst zu leben.

Das Mysterium der Sprache in der Religion

Nachdem Sie sich ein bisschen für den Vorgang des Sprechens, Zuhörens, Verstehens und Fühlens sensibilisiert haben, beschäftigen wir uns mit dem Phänomen der Sprache in der Religion.

Im Umgang mit Religion sollte man sich selbst erst einmal klar werden, warum man sich mit der Religion beschäftigen möchte und was einem die Religion anbietet. Wenn ich Gott als wirklich omnipräsenten Schöpfer verstehe, der alles geschaffen hat, dann hat er auch alle Religionen geschaffen.

Alle Religionen sagen von sich, sie sind der Weg, mit Gott oder sich selbst in Frieden zu sein. Die Wortwahl und Methoden der einzelnen Religionen sind unterschiedlich. Mehrere Religionen, die alle für sich sagen, dass sie den Weg kennen, wie wir uns selbst wiederfinden. Und nur ein omnipräsent wirkender göttlicher Geist. Warum hat Gott das gemacht? Wie kommt es dazu, dass einige Religionen in der Geschichte zu kriegerischen Auseinandersetzungen unter den Menschen geführt haben? Wie kann es zu Streit unter den Religionen kommen, wo doch alle Religionen von dem einen Gott geschaffen wurden? Ich habe mir das kindlich erspielen müssen, denn als Erwachsener hätte ich das nicht gekonnt. Also nehme ich Sie jetzt an die Hand und lade Sie zu einem kindlich motivierten Spiel mit der Sprache ein.

Versuchen wir uns einmal einen Gott vorzustellen, der für jedes individuelle Problem jeder Kultur auf der Welt eine Lösung hat. Einen Gott, der aus Liebe zu seiner Schöpfung versucht, allen Menschen, auf die jeweils ihnen verständliche Art und Weise zu erklären, was er möchte. Dann könnten wir auf die Idee kommen, dass Gott in Asien einen Buddhismus als Weg geschaffen hat, in Indien Menschen zu den Veden inspiriert hat, in Arabien einen Propheten namens Mohammed (Friede sei auf ihm) inspirierte den Qur'an zu überbringen und im heutigen Israel einen Jesus (Friede sei auf ihm) zur Welt brachte, der seine Lehre verbreitete, aus der dann das Christentum entstand. Jeweils immer der Sprache und den kulturellen Gepflogenheiten der jeweiligen Zeit und Menschen angepasst. Genial! Problematisch ist nur wenn ein Volk, auf ein anderes trifft und beide die Allmacht Gottes vergessen und aus ihrer menschlichen Perspektive streiten.

Wir haben heute als Quelle für das Verständnis Gottes nicht nur eine regional verhaftete Religion zur Verfügung, sondern viele über den Erdball verteilte Religionen, von denen wir lernen können. Was für ein Schatz von Wissen, den wir bergen können, wenn wir uns bemühen, die jeweiligen Religionen auf ihren Kern hin zu untersuchen und das Transportmittel der Überlieferung der Religion, nämlich die Sprache nicht nur rational verstehen, sondern insgesamt zu begreifen versuchen!

In den von Gott inspirierten Schriften und den darauf basierenden Religionen finden wir eindeutige Hinweise auf das, was Gott an Wissen in den Religionen versteckt hat. Nehmen wir ein paar seiner Bücher und schauen wir, was wir da finden. Im Islam finden wir die eindeutige Aussage, dass der Qur'an die Grundlage des mündlichen Vortrags ist und der Vortrag selbst sehr wichtig ist. Wer einmal einen schönen Vortrag von Qur'an-Suren gehört hat, wird sich hier und da in gefühlten Dimensionen wiederfinden können, die sehr erkenntnisreich sein können und die gerade für uns Europäer sehr Herz anrührend sein können.

In den Veden finden wir viele Beschreibungen von Ritualen, Gebeten und Gottheiten, die ein ganzes Universum an Glaubenshaltungen ermöglichen können, wenn wir sie falsch interpretieren. Ich hatte das Glück, einen alten Mönch zu treffen, der mir in einem Gespräch erklärte, dass die Gottheiten wie z.B. Shiva, Parvati und Ganesha nur bildlich, mystische Erklärungen von Abläufen innerhalb des eigenen Körpers seien, er erläuterte mir einige Symbole und Gottheiten und lachte dann über die Kulte mit den Statuen. Gegen Ende des Gesprächs verwies er mich auf die mystische Symbolsprache des Christentums und sagte: „Du findest das alles auch in der Bibel."

Und so erkannte ich während des Lesens etlicher religiöser Schriften immer mehr die Problematik der Sprache und des Verstehens der Texte und entdeckte Gemeinsamkeiten der Inhalte, auch wenn sie aus verschiedenen Zeiten und Religionen stammten.

Eines wurde mir schnell bewusst: Wenn wir annehmen, dass wir Gott außerhalb von uns selbst finden oder dass die in den Texten beschriebenen Dinge sich tatsächlich auf äußere Gegebenheiten beziehen, verlieren wir uns in einer Welt, die seltsam anmutende Rituale vollzieht und die nicht zu einem tatsächlichen inneren Begreifen der Texte führen kann. An dieser Stelle möchte ich Ihnen kurz über meine Erfahrung berichten. Es ist schwer, so etwas in Worte zu fassen, doch ich versuche, Ihnen das Gefühl zu vermitteln, von dem ich damals ergriffen wurde.

Ich saß in meinem Bett und konnte nicht mehr atmen, doch statt in Panik zu verfallen, überkam mich ein überirdischer Frieden.

Eine totale Gewissheit, die alles, was mich bewegte, in unendlichem Frieden ertränkte. Ich versank in eine Art zweigeteiltes Bewusstsein. Ich war in dieser Welt und konnte in einer anderen Ebene Gott fragen und bekam Antworten. Allerdings waren diese Antworten nie textlicher oder inhaltlicher Natur. Sie waren immer Gefühle und manchmal „Worte". Und sie wurden immer von diesem Gefühl des unendlichen Friedens begleitet. Und so fragte ich ihn, was denn mit den Religionen sei und er gab mir ein Gefühl und ein Bild als Antwort.

Vielleicht sind Sie jetzt etwas enttäuscht, weil Sie eine spannende mystische Geschichte erwartet haben. Doch ich möchte Ihnen an dieser Stelle das Gefühl des Friedens vermitteln, indem ich Ihnen ein gefühltes „Wort" schreibe:

FRIEDEN

Und mit diesem gefühlten Wort nehme ich Sie jetzt an die Hand in die bunte mystisch anmutende Bilderwelt der Christenheit, die von sich sagt, dass sie die Lehre Jesu Christi als Grundlage hat. Denken Sie an die spielerische Ebene der Reise!

Das Johannes-Evangelium beginnt mit:

„Im Anfang war das Wort und das Wort war bei Gott und das Wort war Gott. Im Anfang war es bei Gott. Alles ist durch das Wort geworden und ohne das Wort wurde nichts, was geworden ist."

Diese kurze Textpassage aus Johannes ist derartig komplex, dass ich sie mir laut und langsam vorgelesen habe um zu erfahren, welche Räume sich dabei öffnen und welche Bedeutung sie haben könnte. Und ich habe damit einige Zeit verbracht, weil ich wusste: „Diese Passage ist wichtig". Nur wofür sie wichtig war, musste ich mir beim Lesen erarbeiten und anhand der dabei entstehenden mystischen Bilder erspielen.

Johannes schreibt hier von der Kraft des Wortes, wie wir, im Sprechen, mit Worten schöpfen können. Ganz so wie die aramäischen Worte „avrah k'davra" - „Ich werde erschaffen, während ich spreche", was in unseren Breitengraden als Zauberspruch „Abrakadabra" allgemein bekannt ist. Ich endete das Spiel mit dieser Passage und erkannte für mich: Die gesamten Texte der Evangelien müssen so komplexe Gebilde sein, dass wir sie laut und gefühlt lesen sollten, um den Reichtum an innerem Wissen ansatzweise zu begreifen. Diese Passage gibt uns einen Schlüssel für das Verstehen.

Wenn wir über die Bedeutung von „Jesus Christus als den eingeborenen Sohn" sprechen oder über das Kreuz oder gar eine Formulierung wie „Vater, Sohn und Heiliger Geist" nehmen, können wir einige Zeit damit verbringen, es uns erklären zu lassen und die Erklärung einfach glauben oder versuchen, es selbst zu verstehen. Und genau da liegt unser Problem mit dem Verständnis der Religionen insgesamt und den Evangelien des Christentums im Besonderen.

Wir versuchen, einen geschriebenen Text zu verstehen, der zuvor durch mündliche Vorträge vermittelt wurde. Wir haben wenige verbindliche Informationen über das Leben von Jesus und seinen Aposteln und können so nicht erleben oder nachempfinden, wie sie gelebt, gearbeitet oder gesprochen haben. Alle haben gewirkt, alle sind grausam getötet worden und alle haben irgendwelche Spuren hinterlassen.

Wenn wir versuchen zu verstehen, warum wir so wenige Fakten kennen und warum ein Schleier des Geheimnisses über allem gelegt zu sein scheint, was Jesus und sein Leben anbelangt, stehen wir in einem Raum voller Fragen. Wenn wir den Verständniswunsch durch das Gefühl erweitern, können wir dazu kommen die Frage zu formulieren: „Warum ist es so angelegt?"

Fragen sind immer ein guter Ausgangspunkt, Antworten zu bekommen, wenn man Antworten finden möchte. Eine nahe liegende Antwort für den Schleier ist: Gott hat den Schleier bewusst entstehen lassen, damit wir irgendwann erkennen, dass es nicht in den Worten der Texte der Evangelien zu finden ist, sondern in deren Bedeutung. Eine Bedeutung von etwas muss man sich eventuell bei komplexeren Inhalten erarbeiten. Indem man es z.B laut vorliest.

Wenn ich mir die christliche Bilderwelt ansehe, mit ihren Riten und Symbolen, dann komme ich zu dem Schluss, dass man es erleben soll und es nicht nur erlesen kann. So sind ganze Generationen unterwegs gewesen ein riesiges Bilderbuch entstehen zu lassen, in dem wir lesen lernen können, wenn wir anfangen, wie Kinder mit den Inhalten zu spielen.

Die Lehre Jesu ist ein zu komplexes „Erleben", als dass man sie allein in Worte hätte fassen können. Sie erschließt sich über das Erleben. Die Mächtigen der Welt in allen Zeitaltern der Menschheit haben immer versucht uns an alles mögliche zu binden: An Regeln, Notwendigkeiten, Pflichten und Schulden.

So hat uns Jesus eine Lehre gegeben, die sich versteckt in der Gesamtheit der christlichen Welt wiederfinden lässt und die sich immer wieder zwischendurch in verblüffender Offenheit zeigt. Nämlich immer dann, wenn wir es schaffen, aus dem Denken ins Fühlen zu kommen. Und wenn wir aus dem Fühlen heraus zu denken beginnen.

Symbolik und Sprache im Christentum

Nachdem ich Sie noch mehr für die Sprache, das Wort und das Erleben sensibilisiert habe, möchte ich Ihnen noch eine Problematik beim Umgang mit den biblischen Texten vor Augen führen.

Das „Alte Testament" wurde in einer Sprache geschrieben, das „Neue Testament" in einer anderen Sprache, Jesus Christus selbst sprach vermutlich einen aramäischen Dialekt. Alles kein Problem könnte man jetzt sagen, doch ich erlebte im Umgang mit Menschen anderer Nationalitäten sehr wohl den Umstand, dass man andere Sprachgewohnheiten hat und somit auch Missverständnisse entstehen können. So kam ich irgendwann dazu, zu begreifen was für Veränderungen des Verständnisses eine Übersetzung mit sich bringen kann.

Wir lesen zum Einen eine Übersetzung einer mündlich überlieferten Erzählung und zum Anderen haben wir keinen oder nur einen begrenzten Zugang zur metaphorischen Ebene der Sprache der damaligen Zeit. Die möglicherweise poetische Dimension des gesprochenen Wortes ist uns nicht bekannt. Der Zugang zur Symbolik ist für uns mitunter nur schwer nachzuvollziehen. Denken Sie an den Satz, mit dem dieses Buch begonnen hat.

„So wie der Fisch das Wasser nicht erkennt in dem er schwimmt, so kann der Mensch die Liebe nicht erkennen in der er lebt."

Wer das Thomas-Evangelium gelesen hat, bekommt eine Ahnung davon, wie bildreich man zur Zeit Jesus gesprochen haben könnte. Aber eben nur eine Ahnung. Und neben der Ahnung haben wir keinen Zugang zur Satz- und Sprachmelodie (Prosodie), Mimik und Gestik mit der die Menschen in den jeweiligen Zeitaltern sprachen.

Und genau darum ging es Gott. Wir sollen seine Worte nicht nur verstehen, sondern wir sollen sie erleben. Er schuf Priester und Gelehrte, die ganze Regale in Namen Gottes mit theoretischen Abhandlungen über die Worte begründet haben, damit wir eines erkennen können: Es ist nicht zu verstehen im Denken, wir können es nur erleben. Was ist das für eine Botschaft, wenn sie nicht verstanden werden soll? Wie können wir beginnen, etwas zu erleben, wo uns der Zugang zum Ursprung doch durch all die Worte so erschwert wurde. Die Antwort ist einfach. Fühlen Sie die Worte! Erleben Sie Sprache neu! Lernen Sie Sprechen, Zuhören und Verstehen.

Übung 5: Sprich mit Gefühl

Wo Du auch bist, wenn Du das liest. Sag dieses eine Wort einmal laut in den Raum. Liebe. Lass es nachklingen. Fühl in Dein Herz. Was empfindest Du dabei? Fühl in Deinen Körper, wo die Buchstaben entstehen und wo sie vibirieren. LIEBE. Sag es in Dich selbst hinein und fühle, was geschieht. Sag laut: Ich liebe mich selbst und hör Dir selbst dabei zu. Fühlst Du, was Du sagst? Klingst Du glaubhaft? Glaubst Du

Dir selbst, was Du da sagst? Üb, Dir selbst zu sagen: Ich liebe mich. Sag einem Menschen, den Du nicht kennst, dass Du ihn liebst und dann sprich mit ihm über das Eine Wort. Erinnere Dich an Johannes: „Im Anfang war das Wort ..."

Übung 6: Höre mit Gefühl zu

Wer auch immer Dir etwas sagt, gleich was er sagt: Hör ihm im Gefühl zu! Aufmerksam zuhören bedeutet, liebevoll wertschätzen, was der andere sagt.

Spielen Sie mit diesen beiden Übungen immer wieder. Vor allem mit sich selbst!

Das Gebet im Kämmerlein

Jesus sagte laut Matthäus 6:6: „Wenn Du aber betest, so gehe in dein Kämmerlein und schließ die Tür zu und bete zu deinem Vater im Verborgenen und dein Vater, der in das Verborgene sieht, wirds dir vergelten öffentlich."

„Kämmerlein": Als heutige Menschen verstehen wir darunter, in einen Raum zu gehen und dort alleine zu beten. Wieso gibt es dann Kirchen, in denen wir gemeinsam beten? Vielleicht ist das „Kämmerlein" etwas ganz Anderes. Spielen wir ein wenig mit der Bedeutung dieses Wortes.

Wenn Sie davon ausgehen, dass Jesus bildreich innere Vorgänge in Worte gefasst hat und Sie dann darüber nachdenken, wo in Ihrem Körper ein Kämmerlein sein soll, dann können Sie auf lustige Ideen kommen. Gott kennt uns Menschen sehr gut und er weiß vor allem eines: Wir nehmen die Dinge und Sätze oft viel zu wörtlich und vor allem verstehen wir die metaphorische Ebene nicht oder nur selten.

Ich machte mich also auf die Suche, wie ich Ihnen erklären könnte, was Jesus mit dem Kämmerlein meint und fragte Gott. Ich solle in eine Kirche gehen, sagte er und so ging ich in eine Kirche und wurde Zeuge, wie den jungen Leuten das Evangelium verkündigt wurde und welche rituelle Symbolik damit verbunden war.

Sie sagten: Herr mach uns zu Deiner guten Erde und dann machten die jungen Leute, wie Ihnen gezeigt wurde, mit den Worten „Ehre sei Dir mein Gott" drei kleine Kreuze auf die Stirn, den Mund und das Herz. Was für eine herrliche Symbolik! Danach sollten Sie das „Vater Unser" beten.

Drei kleine Kreuze auf Stirn, Mund und Herz und bei dem kleinen Kreuzzeichen auf dem Herzen sagten sie: „Mein Gott". Gott = Herz = Liebe. So langsam dürften Sie das Spiel der Symbolik verstehen. Doch gehen wir weiter.

Gehen wir zum zweiten Kreuz, das mit den Worten „Sei Dir" auf den Mund gemacht wird, nehmen wir das „Vater Unser" und die Anleitung, im „Kämmerlein" zu beten, dann können wir darauf kommen, dass der Mund gemeint ist. Wenn wir jetzt noch die Aussage von Johannes nehmen „Im Anfang war das Wort", dann kommen wir vom Mund in den Hals an die Stelle der Stimmbänder.

Im Verborgenen beten, könnte also heißen, dass wir nicht im Äußeren beten sollen, sondern sprechend im Inneren fühlen können und sollen, damit Gott im Außen handelt.

Demnach sollten wir im „Kämmerlein", also im Bereich der Stimmbänder das „Vater Unser" sprechend erleben.

Übung 7: Sprich mit Gott

Jesus sagte laut Überlieferung: "Klopfet an und es wird Euch aufgetan.". Er sagte auch: „Das Königreich Gottes ist in Eurem inneren" und er sagte ebenso: „Bittet und es wird Euch gegeben werden." Probier es einfach mal. Setz Dich in gemütlicher Atmosphäre hin und sprich stimmlos, innerlich zu Gott. Erlebe, was geschehen kann. „Wer Ohren hat, der höre." Leg die Hände in den Schoss und sprich wortlos das „Vater Unser" innerlich und fühle, was Dein Körper als Reaktion darauf zeigt.

Die Handflächen ineinander, so dass die Finger die Hände umschließen und die Finger NICHT ineinander verschränkt sind. Trau Dich. Lerne Dich selbst kennen. Begegne in Dir dem einen Wort, das alles trägt. Liebe. Erlebe in Dir immer mehr diese eine Liebe, die ohne äußeren Grund einfach immer da ist und die immerfort alles Mögliche total verändern kann, wenn Du sie innerlich aufrufst oder ansprichst.

Leib & Seele

Der Leib Jesu Christi und das Kreuz

Wenn wir in eine katholische Kirche gehen, kommen wir vor einem gekreuzigten Jesus zu stehen. Sind Sie jemals auf die Idee gekommen, dass Sie da vor sich selbst stehen? Das Sie es sein können, der da symbolisch am Kreuz hängt? Das Kreuz steht symbolisch für den Bund der Liebe mit Gott und unser Körper hängt an diesem Bund. All das steckt in dieser seltsamen Symbolik. Was für ein riesig angelegtes Bilderbuch wurde da für uns geschaffen, mit dem wir die Bildsprache und die Wortbilder verstehen lernen können.

Es gibt dieses eine Bild von Jesus mit dem flammenden Herzen und dem Schwert, das in dem Herzen steckt. Wir lesen von der Auferstehung Jesu Christi nach seiner Kreuzigung. Und genau hier möchte ich Sie wieder an die bildreiche Art des Sprechens und Erzählens erinnern. Der Weg in das Leben führt durch den Tod. Damit unser Leib in Liebe erfüllt werden kann, müssen wir uns reinigen und bereit sein uns unserer Bestimmung vollends hinzugeben („zu sterben"), um in der einen Liebe verbunden neu aufzuerstehen.

Es ist für die Botschaft nicht entscheidend, ob der historische Yeshua Ben Yosef (Jesus) wirklich am Kreuz gestorben ist. Es ist entscheidend, was er mit diesem Bild vermitteln wollte. Unser Körper ist der heilige Bund mit Gott: Gott im Inneren. Gehen Sie in Gedanken ruhig noch einmal die Bilder durch, mit denen ich gespielt habe. Was nach der christlichen Mystik sterben soll, ist das Erleben der eigenen Mächtigkeit, damit wir in der Allmacht Gottes geborgen auferstehen und in Liebe glühend in unserem Körper wohnen und die Geborgenheit, Ganzheit und Heiligkeit der Einheit von Leib und Seele erkennen.

Die Sünde

Wenn wir wider besseren Wissens und Fühlens handeln, unserem Bauchgefühl und unserem Herzen nicht folgen, handeln wir gegen uns selbst. Das meint das Wort Sünde. Das Handeln gegen uns selbst ist bereits die Strafe, weil wir etwas tun, mit dem wir uns verletzen. Die Beichte ist das Bekennen der Sünde gegenüber uns Selbst. Also das innere Aufräumen. Gott möchte, dass wir uns innerlich reinigen, damit wir erkennen können, was gut für uns ist und was schlecht. Wenn Sie an das „Kämmerlein" denken, dann wissen Sie jetzt, wo der „Beichtstuhl" steht.

Gut und Böse sind am Ende nur die Bezeichnungen dessen, was uns gut tut und was uns und andere schädigen kann. So einfach pragmatisch wird die Lehre Jesu, wenn wir das Bilderbuch der Christen spielerisch begreifen. Und die Sünde ist nur und das meine ich wörtlich: Ein Vergehen gegen das eigene bessere, innere Wissen. Damit vergehen wir uns an uns selbst, weil Gott es für uns besser meint, als wir es erkennen können oder wollen.

Lesen Sie diesen Abschnitt gerne mehrmals: Wir vergehen uns an uns selbst, wenn wir nicht das Gute erkennen, dass Gott für uns gewollt hat. Wir schwächen die Einheit von Leib und Seele, weil die Handlung gegen unsere Bestimmung zu einer Störung in der Einheit führen kann.

Übung 8: Lerne Dein Königreich kennen

Setz oder leg Dich gemütlich hin. Lege die Hände in den Schoss. Die Handflächen ineinander, so dass die Finger die

Hände umschließen und die Finger NICHT ineinander verschränkt sind. Atme ein. Mach beim Einatmen nichts anderes als Luft zu holen. Dann halte den Atem kurz an und danke stumm Gott.

Dann atme aus und Du wirst Deinen ganzen Körper fühlen. Mach das so lange wie nötig, dass Dir ganzkörperlich warm und wohl wird! Spiel mit dieser Atemübung bei geöffneten Augen.

Da bist Du dann. Halte Einkehr in Dich selbst, so oft Du kannst und räume Dich auf, reinige Dich, damit Du Dich selbst hören kannst, fühlen kannst und von Dir selbst lernen kannst. Vertrau ganz auf Dich selbst dabei. Gott wird Dir alles erklären. Es erklärt sich im Verlaufe der Einkehr in Dich selbst, sobald Du dazu bereit bist.

Die zehn Gebote

Ich nenne nur die Gebote, die eine entscheidend andere Bedeutung haben können, wenn wir mit den Bildern spielen, wie wir sie in unserem heutigen Sprachverständnis erkennen können.

Das zweite Gebot: „Du sollst den Namen des Herrn, deines Gottes, nicht missbrauchen." – Wenn wir im Namen Gottes beten oder Handlungen vollziehen, sprechen wir in seinem Namen. Das meint Gott der Allmächtige, wenn er sagt: Missbrauche meinen Namen nicht. Deswegen könnten wir besser sagen: „Sei" und nicht „Es ist." Denn damit bitten wir ihn und zeigen unser Vertrauen. Und Gott lässt sich nicht ungehört bitten.

Das sechste Gebot: „Du sollst nicht ehebrechen." – Wir sollen die Einheit mit unserem Körper nicht verlassen, da wir sonst Schaden nehmen können. Wie ich im Kapitel über die Sünde schrieb, sind wir nur sicher, wenn wir die Einheit von Leib und Seele wahren.

Das neunte Gebot: „Du sollst nicht begehren deines Nächsten Haus." – Mit dem Haus ist hier unser Körper gemeint. Es kann als eine Ermahnung verstanden werden, die Einheit von Leib und Seele anderer Menschen nicht zu stören.

Übung 9: Lies die Bibel und spiel mit den Worten, fühle die Texte

Wenn Du die Bibel liest, nimm Begriffe wie Haus, Berg, Israel, Sinai, Maria, Jerusalem, Shalom, Amen, Bethlehem, Golgatha, INRI, Jesus, Yeshua, Abraham, Moses. Erkenn das mystische Spiel der Autoren selbst und begreife die Texte der Bibel neu. Finde die Worte in Dir selbst.

Erfahre diese Worte im Atmen. Spiele mit den Worten. Fühle was sie bewegen und wohin sie Dich innerlich tragen. Vertrau auf die Liebe Gottes dabei. Er wird nichts geschaffen haben, was böse ist oder verletzend sein kann. So werden auch die seltsamen kämpferischen Bilder der Bibel eine innere Bedeutung haben, die Du neu erfahren kannst, wenn Du Dich traust sie mit den in diesem kleinen Buch gegebenen Anregungen neu zu erfahren.

Als kleine Anregung: Das Wort „Israel" beschreibt das heilige Land. Im Kontext der Mysterien ist das heilige Land der Zustand den Du betrittst, wenn Du heilig geworden bist.

Der Kampf der Geschlechter

Wenn wir die Einheit zwischen Leib und Seele erkannt haben begreifen wir uns selbst. Wenn wir durch diese Einheit heilig im Sinne von „ganz" geworden sind, wissen wir, dass wir immer frei waren und sind und wir wissen, dass es keine Geschlechter gibt.

Das Männliche und das Weibliche ist in jedem Menschen gleichsam vertreten. Es ist nur ein Spiel der allmächtigen Schöpfung, mit der sie uns auf das aufmerksam machen möchte, was wir erkennen müssen, damit wir als Mensch ganz, also heilig, werden. Denn nichts anderes bedeutet das Wort heilig. Es beschreibt den Zustand des Ganzseins.

Deswegen sehnt sich ein Mann nach einer Frau und eine Frau nach einem Mann. Deswegen steht in der Bibel geschrieben, dass ein Mann die Frau erkennt und dann mit ihr die Ehe eingeht. Lernen Sie Ihre jeweils andere Geschlechtlichkeit in sich selbst kennen. Deswegen sagt Jesus: „Mann und Frau werden ein Fleisch sein". Er spricht hier nicht von zwei Menschen, sondern von einem Menschen, der in sich ganz, also heilig, geworden ist. Ein Mann, der seine Frau bzw. eine Frau, die ihren Mann erkannt hat. Vor Gott sind alle Menschen gleich. Spielen Sie stets mit den Wortbildern.

Die Frau sei dem Manne untertan, bedeutet in der mystischen Fassung der Autoren der Bibel, dass wir die weibliche Kraft in uns beherrschen lernen sollen. Das gilt für Männer wie für Frauen. Ich hoffe, dass verwirrt Sie ein wenig, denn ich selbst habe sehr lange gebraucht, um das zu begreifen.

Ganze Generationen der Menschheit konnten es offenbar nicht mehr begreifen, weil sie es wörtlich nahmen und die bildliche Dimension der Sprache nicht erkennen konnten. Bleiben Sie in der Liebe, wenn Sie die Geschichte des Christentums und der anderen Religionen betrachten, bedenken Sie, dass die Menschen zu den jeweiligen Zeitaltern immer nur machen konnten, was Ihnen zu verstehen möglich war.

Wenn wir die Interpretationen der Texte aus den verschiedenen Zeitaltern glauben, sind wir gefangen in den Erklärungen. Wenn wir dem eigenen inneren Erleben folgen, erkennen wir die Wahrheit selbst. Und wenn wir spielerisch mit den Inhalten umzugehen lernen, können wir vielleicht mehr verstehen. Bedenken Sie, dass die Mächtigen und Wissenden sich immer bemüht haben und immer bemühen werden uns in den Worten gefangen zu nehmen und zu halten.

Übung 10: Erkenne im Gegenüber Dein anderes Geschlecht

Wenn Du irgendwann einmal in der Nähe eines Menschen des anderen Geschlechts Deinen gesamten Körper spürst, dann ist das ein Mensch für den Du Dich interessieren solltest. Er wird Dir im wahrsten Sinne des Wortes helfen heilig, also ganz, werden zu können. Vielleicht solltest Du ihn kennen lernen.

Übung 11: Erkenne Dich selbst als das jeweils andere Geschlecht

Setz Dich gemütlich hin. Leg die Hände in den Schoss. Leg die Handflächen ineinander, so dass die Finger die

Hände umschließen und die Finger NICHT ineinander verschränkt sind. Atme ein. Mach beim Einatmen nichts anderes als Luft holen. Dann halte den Atem kurz an und danke stumm Gott. Dann fühle, wie Du selbst das andere Geschlecht bist. Spiel damit wie ein Kind und erkenn die grenzenlose Freiheit in Dir!

Der Sündenfall

Es gibt zwei Wege: Den des Lebens und den des Todes. Lebendig ist der, der der Liebe treu bleibt und den Bund heiligt. Also die Einheit von Leib und Seele wahrt. Verlassen wir diese Einheit, sind wir nicht lebendig. Erheben wir uns nicht über andere, ehren wir die Einheit um so mehr. Sprechen wir also Gebete nicht im Namen Gottes, sondern bitten wir ihn einfach. Gebete, in denen wir Gott anrufen und um seine Allmacht bitten, bestätigen unsere Treue zu ihm. Wenn wir hören: „Im Namen des Vaters, des Sohnes und des heiligen Geistes" und dann lesen, dass z.B. Martin Luther schrieb: „Das walte Gott Vater, Sohn und Heiliger Geist", dann könnten wir das auch so lesen: „Das, was Gott will, möge geschehen."

Hier wird deutlich wie schmal der Grad der Hingabe an die Liebe ist und wie bedeutend es ist, immer wieder in den Texten der Religonen zu suchen, was mit einzelnen Aussagen gemeint sein könnte und vor allem immer wieder daran zu denken, dass es innere Vorgänge sind von denen wir hier lesen. Keine äußeren Orte. Es ist eine Reise in und durch unser eigenes Inneres.

Der Weg des Lebens ist die Hingabe an die Allmacht der

Liebe Gottes. Symbolisch wird der Gläubige im Christentum als Lamm gezeigt. Mehr Vertrauen können wir nicht zeigen. Wir opfern uns auf dem Altar der einen Liebe und geben ihr unser Leben hin. Da ist es wieder dieses eine Wort: Liebe!

Der Sündenfall führt uns, wenn wir uns an das innerliche Erleben der Texte herantrauen, zu einem ganz anderen Wissen. Dem Wissen um die innere Kraft der Schlange, dem Baum der Erkenntnis, die Versuchung, die mit der Kraft der Schlange einhergeht. Nämlich dem Umstand, selbst göttlich werden zu können. In den asiatischen Religionen ist die Rede von der Kraft der Kundalini. Eine Kraft, die dazu führen kann, erleuchtet zu sein. Wir benötigen jedoch keine Kraft von aussen oder von anderen, um uns zu erleuchten. Wir sind bereits erleuchtet.

Steht nicht in der Bibel: „Und das Licht schien in der Finsternis und die Finsternis hat's nicht begriffen?" Eine Schlange, ein Baum, ein Apfel und Licht. Wenn wir alles richtig mischen wollen, ist da noch die Grundlage der Liebe, Erleuchtung und Gott. Und das alles ist bereits da. Sie müssen es nur zulassen. Sonst müssen Sie gar nichts machen.

Doch fragen wir einfach Gott, was er uns mit dem Sündenfall erklären möchte.

Übung 12: Mach Deine weibliche Kraft zum Untertan

Setz Dich gemütlich hin. Leg die Hände in den Schoss. Leg die Handflächen ineinander, so dass die Finger die Hände umschließen und die Finger NICHT ineinander verschränkt sind. Atme ein. Mach beim Einatmen nichts anderes als Luft holen. Dann halte den Atem kurz an und danke stumm Gott und leg Dich flach auf den Bauch, so dass Deine Stirn und Dein Gesicht und der gesamte Körper die Erde berühren.

Bleib so liegen, sprich zu Gott im Inneren, bitte ihn um Einlass in Dein Königreich, atme tief ein und aus dem Mund aus. Lass Dir so liegend von Gott selbst den Sündenfall erklären.

Das Geheimnis des Evangeliums

Sie können an den Beispielen, mit denen ich spielte, erkennen, wie erhellend es sein kann, wenn man mit den Sprachgewohnheiten und Bildern leicht umgeht, um sich den möglichen Bedeutungen einzelner Passagen anzunähern.

Zum Evangelium, wie auch zu allen anderen Religionen: „Wer das Alphabet versteht, wird frei sein." Lernen Sie zu hören! Wer das Mysterium der Sprache, des Sprechens und Fühlens und der darin geborgenen Bilder erkannt hat, erkennt alles Weitere von selbst.

Begreifen Sie die Liebe mit Ihrem ganzen Körper. Wenn jede Zelle vibriert, dann beginnen Sie zu wissen und wenn Ihr kleiner Finger genauso viel erkennt wie Ihr linker Zeh, dann haben Sie begriffen. Diese eine Liebe ist es, die so wortreich in vielen Religionen umschrieben und versteckt wurde.

Das Geheimnis des Evangeliums erschließt sich im Erleben der alleinenden Liebe des alleinigen Gottes. Welchen Namen man ihm in den verschiedenen Ecken des Universums auch immer gegeben haben mag. Was sonst kann es sein, was uns am Leben hält, wenn nicht die Gnade der Liebe Gottes selbst.

Das Alphabet

Das Alphabet ist ein mulitidimensionaler Raum, den Sie erleben und in dem Sie sich bewegen können. In diesem Buch, habe ich versucht, Sie in all den Bereichen zu sensibilisieren, die nötig sind, damit Sie die Worte als Gefäße erkennen lernen können die Sie zu wichtigen inneren Erkenntnissen führen können.

Um Sie jedoch jetzt nicht dazu zu bringen, dass Sie denken, dass Sie all das nur im Christentum finden, möchte ich Ihnen zum Abschluss noch eine Übung an die Hand geben, die Ihnen helfen kann, das Alphabet, welches mystisch im Evangelium als Schlüssel verborgen ist, selbst zu erlernen und in anderen Religionen weitere Hinweise zu finden.

Lernen Sie immer aus sich selbst heraus. Wer immer versucht, Sie über Worte gefangen zu nehmen, sagen Sie ihm innerlich: „Ich bin frei!" Nutzen Sie alle Hinweise in allen Religionen. Danken Sie der Liebe und lernen Sie die Sprache und die Buchstaben und die Worte Gottes verstehen!

Übung 13: Lerne das Alphabet

Sitz oder steh in einem Raum, in dem Du ungestört bist. Leg die Handflächen auf die Ohren und nimm den ersten Buchstaben A. Sag ihn laut und fühle in Dir was er macht. Höre und erlebe ihn! Fühl, was sich verändert und lerne das Alphabet in Dir kennen. Mach das mit allen Buchstaben des Alphabets. Nimm Worte wie „Liebe". Beginn die Worte zu singen und fühle was geschieht. Du selbst kannst Dich damit heilen, reinigen und befreien.

Mögest Du die in den Worten verborgene Liebe finden und möge Sie in Dir durch die Kraft des lebendigen Wortes leben, damit Du selbst durch Dich in der Liebe des Wortes geborgen bist und die Liebe sich nicht im Wort verliert. Damit Du frei bist.

Nachwort

Vielleicht kann dieses Buch Ihnen einen Einblick in den möglichen inneren Reichtum der Schöpfung geben. Ich hoffe, Sie können mit meiner spielerischen und unorthodoxen Art und Weise etwas anfangen und es hilft Ihnen die eigene innere Welt, ihr eigenes Mysterium des Lebendigseins zu erkennen und zu leben.

Ich schreibe dieses Buch auch, um zu einer spielerischen Entdeckungsreise durch die Religionen zu inspirieren. Denken Sie daran, dass alle Religionen aus einer einzigen Quelle gegeben wurden. Und das Gott nichts böses schafft. Nutzen Sie die Übungen bitte spielerisch. Möge nie wieder ein Mensch einen anderen Menschen wegen seiner Religion oder seines Glaubens kritisieren, unterdrücken, angreifen oder gar um das Leben bringen.

Seien Sie frei vor dem AllEinigenden Gott. Amen.